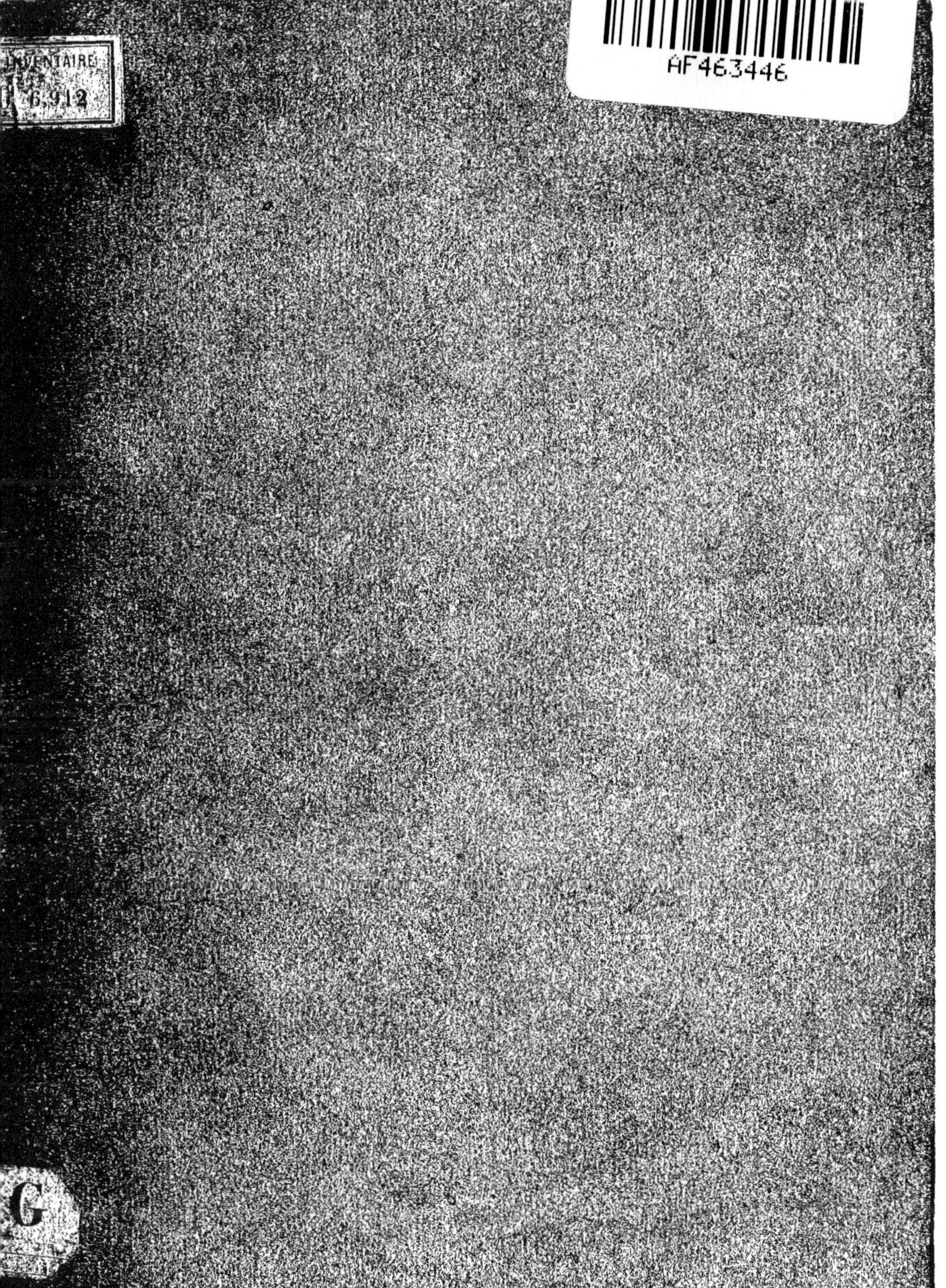

NOBILIAIRE UNIVERSEL

PAR

F. X. ZELLY DE MONBRISON

Virtus nobilitat.

ROYAUME DE BELGIQUE

1re Livraison

PARIS
CHEZ LES PRINCIPAUX LIBRAIRES

ON S'ABONNE
au *Nobiliaire universel*, en envoyant un mandat de 25 francs
A L'ORDRE DE M. F. X. ZELLY DE MONBRISON
Poste restante à Paris.

NOBILIAIRE UNIVERSEL

PARIS. — IMP. POITEVIN, RUE DAMIETTE, 2.

NOBILIAIRE
UNIVERSEL

PAR

F. X. ZELLY DE MONBRISON

Virtus nobilitat.

ROYAUME DE BELGIQUE

1re Livraison

PARIS
CHEZ LES PRINCIPAUX LIBRAIRES

1862

AVANT-PROPOS

Nous avons, pour des motifs spéciaux, qui regardaient nos contrats avec nos éditeurs, dû suspendre la publication de notre *Nobiliaire Universel*. Nos abonnés de Belgique n'y auront rien perdu, une seule livraison ayant paru pour ce pays, dont à peine nous commençons à nous occuper. Cette livraison n'ayant pu être généralement distribuée, et tous nos abonnés ne l'ayant point reçue, nous avons jugé opportun de la faire réimprimer, sans toutefois répéter autrement qu'en sommaire l'Avant-Propos qui l'accompagnait. Nous avons constaté qu'il était désormais indispensable à la Belgique d'avoir un Recueil de généalogies nobiliaires sérieux, à côté de quelques écrits qui se publient sur la matière, avec une courtoisie coupable et une légèreté si grande qu'ils paraîtraient presque suspects d'être intéressés.

En effet, ce serait invariablement dans la *nuit des temps* qu'il faudrait aller reconnaître l'origine des familles !

Le principal recueil que nous connaissions en Belgique, c'est l'*Annuaire de la Noblesse* de M. le baron de Stein d'Altenstein, qui traite, assure-t-on, seul, en sa qualité de chef au bureau héraldique de Bruxelles, ce qui touche officiellement à la Noblesse belge. Ces fonctions doivent lui valoir évidemment, en Belgique, une considération très-grande. Nous ne redoutons cependant pas de faire figurer notre travail en regard des déclinaisons génériques de n'importe quel auteur. Ce que nous ambitionnons seulement, c'est que l'on veuille bien comparer, et nous sommes assurés d'avance que nos lecteurs n'auront rien à nous reprocher.

Le généalogiste, disions-nous ailleurs, est historien, et l'historien, avant tout, doit être narrateur fidèle. Il lui est défendu de falsifier ou de dénaturer les faits.

Il nous a été, on le conçoit, très-difficile de nous renseigner sur les familles. Nos renseignements toutefois sont précis. Pourtant, si nos abonnés découvraient quelques erreurs, nous nous estimerions heureux qu'ils voulussent bien nous les signaler. D'ailleurs, nous recevrons toujours avec la gratitude la plus empressée les communications qu'on voudrait nous faire. C'est à la suite de prières qui nous ont été faites que nous publierons une traduction française de chaque généalogie, ce qui nous avait paru primitivement inutile.

Nous avons jugé convenable de faire marcher notre publication par ordre alphabétique de villes : *Anvers* répond conséquemment la première à l'appel.

Paris, 25 septembre 1862.

F.-X. ZELLY DE MONBRISON.

FAMI

Ghysbrecht **VAN DELFT**, Janszone, geboren te Gorcum, cleermaker. 1547, 3 juny, poorter van Antwerpen. Stirf in zyne wooning in de Huydevetterstraet (vol. 13, f° 2, Wykbkn), den 14 juny 1598.

trouwde — 1°

Barbara **NOESMANS**

trouwde 2° — 1563

Maeyken **VAN TIELEN**

trouwde 3° — 1589

Petronilla **VAN WYCK**

wed^we^ was Mirhiel Henrics.

Gheerardt **VAN DELFT**, buyckmaker.

trouwde — 1591

Magdalena **GHYSBRECHTS**

Jan **VAN DELFT**, koopman, sterft — 1662

trouwde

Catharina **CEURLINCKX**

die sterft — 1659.

Jan Ghysbrecht **VAN DE**
banquier — 1737 en ouc
MOESSENIER.

trouwde

Maria Magdalena **SCHENA**

Suzanna Catharina **VAN D**

trouwde — 1705

Christiaen Pedro **VERMOE**

DELFT

...t.-Joseph VAN DELFT
...nobli 1762).

...aria DE CONINCK

Ludovicus J.-B. VAN DELFT.
trouwde
Helena VANDER AA.

Emilius VAN DELFT

Eugenius VAN DELFT
trouwde
Francisca M.-F. GEELHAND
wdwe
Joan.-B. VAN DELFT
Louisa VAN DELFT
Alphonse VAN DELFT
trouwde
V.-F. GUIOTH

Josephus J.-C. VAN DELFT
sterft te Brussel, trouwde
Maria-Isabella VANDER AA.

Joannes-Baptista VAN DELFT
trouwde — 2°
Francisca M.-F. GEELHAND

Dry edele Heeren te Ossendrecht gezeten.

Johanna-Maria VAN DELFT
trouwde
Paulus J.-H. VANDER AA.

...-Em[t] VERMOELEN

...-Josepha DE PRET

Maria-Antonia VERMOELEN
trouwde
Antonius-Carolus VAN PRAET

Josephus J. VAN PRAET
trouwde — 1810
Marie-Helene GEELHAND

Philippus VAN PRAET
trouwde — 1807
Josepha M. ULLENS

Philippus-Joseph VERMOELEN
1814, maire te Antwerpen,
trouwde — 1785
Anna-Maria MARTINI

Johanna VERMOELEN
trouwde
Edouard[s] VAN ERTBORN

Victor VAN ERTBORN
trouwde — 1838
Paulina DE WAEL.

Carolina VAN ERTBORN
trouwde — 1837
Philip.-Eugene VAN PRAET

Clemence VAN ERTBORN.
trouwde te Mechelen — 1834
Carolus
DE CRANE D'HEYSSELAER

Isabella VERMOELEN
trouwde
Ferdinand[s] MEYERS

(TRADUCTION FRANÇAISE)

FAMI

Ghysbrecht **VAN DELFT**,
Fils de *Jean*,
né à Gorcum, tailleur (1547, 3 juin), bourgeois d'Anvers; mourut en son domicile, rue des Tanneurs (Vol. 13, f° 2, Wykbkn.), le 14 juin 1598.
Épousa 1°

Barbe **NOESMANS**;

épousa 2°

Maeyken **VAN TIELEN**;

épousa 3° (1589)

Petronilla **VAN WYCK**,

veuve de Michel Henri.

Gérard **VAN DELFT**,
épousa (1591)
Madeleine **GHYSBRECHTS**.

Jean **VAN DELFT**,
marchand, mourut en 1662.
Épousa
Catherine **CEURLINCKX**,
qui mourut en 1659.

Jean-Gisbert **VAN DEL**
banquier (1737) et AUM

La qualité d'AUMONIER, à Anvers
trefois très-recherchée et acheminait
en vue des services qu'elle faisait
la création nobiliaire.

épousa

Marie-Madeleine **SCHENA**

Susanne-Catherine **VAN D**
épousa (1705)
Chrétien-Pierre **VERMOE**

DELFT

…-Joseph **VAN DELFT**, **obli en 1762**,

…arie **DE CONINCK**.

Louis-J.-B. **VAN DELFT** épousa Hélène **VAN DER AA**.

- Emile **VAN DELFT**.
- Eugène **VAN DELFT**

  Par un décret récent de S. M. le Roi des Belges, messire Eugène VAN DELFT a été élevé à la dignité de baron. Nous tâcherons de publier prochainement les CONSIDÉRANTS de cette nomination. Il n'a pas de descendants.

  épousa Françoise-M.-T. **GEELHAND**, veuve douairière de J.-B. **VAN DELFT**.
- Louise **VAN DELFT**.
- Alphonse **VAN DELFT** épousa V.-T. **GUIOTH**.

Joseph-J.-C. **VAN DELFT**, mort à Bruxelles, avait épousé Marie-Isabelle **VAN DER AA**.

- Trois gentilshommes demeurant à Ossendrecht.

Jean-Baptiste **VAN DELFT** épousa 2° Françoise-M.-F. **GEELHAND**.

Jeanne-Marie **VAN DELFT** épousa Paul **VAN DER AA**.

…mm[el] **VERMOELEN**

…Josèphe **DE PRET**.

Marie-Antoine **VERMOELEN** épousa Antoine-Charles **VAN PRAET**.

- Joseph-J. **VAN PRAET** épousa (1810) Marie-Hélène **GEELHAND**.
- Philippe **VAN PRAET** épousa (1807) Josèphe-M. **ULLENS**.

Philippe-Joseph **VERMOELEN**, (1814) maire d'Anvers, épousa (1785) Anne-Marie **MARTINI**.

- Jeanne **VERMOELEN** épousa Édouard **VAN ERTBORN**.
  - Victor **VAN ERTBORN** épousa (1838) Pauline **DE WAEL**.
  - Caroline **VAN ERTBORN** épousa (1837) Philippe-Eugène **VAN PRAET**.
  - Clémence **VAN ERTBORN** épousa à Malines Charles **DE CRANE D'HEYS-SELAER**.
- Isabelle **VERMOELEN** épousa Ferdinand **MEYERS**.

EXTRAKT UIT DE STADS-POOR TERS-BOEKEN

VAN ANTWERPEN

Veneris iij^a Juny A° 1547.

GHYSBRECHT VAN DELFT, JANSSE

VAN GORCHUM, CLEERMAKERE

Extrakt uit de Scabinale protocollen der Stadt Antwerpen.

De Schermere. P. Wesenbeke, Scabi.

Berbele Noesmans, peetersdochtere, met Ghysbrecht van Delft, huyckmakere, eius marito et tutore, vercochten Marien Bootz weduwe lestwerven wylen Matheas van den Huevele, tsiaers viij Carolus guldn, goet van goude, enz., op twee huysen metter plaetsen et pertinentiis, gestaen ende gelegen jn de Huydevetterstraet alhier, neffens een, tusschen Karels van Liesvelt huys ende erve ex unâ, ende Matheas Hermans huys ende erve ex altera, Dandum alle jaren, enz., te waerne vij brab^s Jan Dresseleers, item xxxj Groten Grondchyns der Cappelrye t'Onser Liever vrouwen misse en Onser Liever vrouwen kercke alhier, salvo quitabunt ad placitum teenenmaele enz., Sonder Argelist.

Dië secunda Aprilis 1557.

De Stads-Archivist

FREDERIC VERACHTER.

(LOCUS SIGILLI)

PARIS
IMPRIMERIE POITEVIN
rue Damiette, 2.

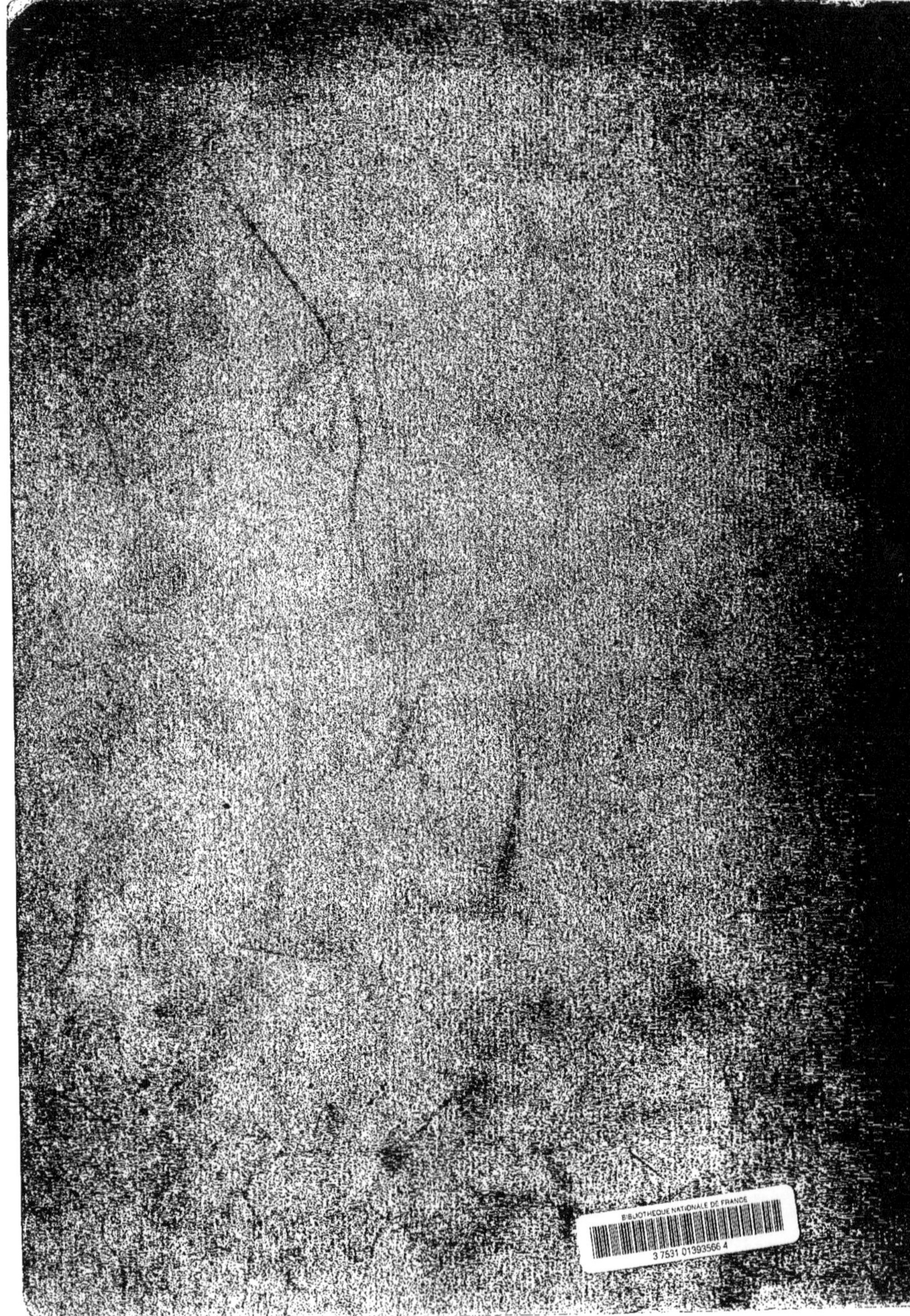

www.ingramcontent.com/pod-product-compliance
Ingram Content Group UK Ltd.
Pitfield, Milton Keynes, MK11 3LW, UK
UKHW012311240726
13966UKWH00005B/1806